LA RÉFORME

DE LA

COUTUME DU MAINE

EN 1508

PAR G. D'ESPINAY

Ancien Conseiller à la Cour d'Appel d'Angers
Membre de la Société Historique et Archéologique du Maine.

MAMERS

G. FLEURY ET A. DANGIN, IMPRIMEURS-EDITEURS

—

1893

LA RÉFORME

DE LA

COUTUME DU MAINE

EN 1508

LA RÉFORME

DE LA

COUTUME DU MAINE

EN 1508

PAR G. D'ESPINAY

Ancien Conseiller à la Cour d'Appel d'Angers
Membre de la Société Historique et Archéologique du Maine.

MAMERS

G. FLEURY ET A. DANGIN, IMPRIMEURS-ÉDITEURS

—

1893

LA RÉFORME

DE LA

COUTUME DU MAINE

EN 1508

I

RÉDACTION DE LA COUTUME

Le Maine est resté uni au comté d'Anjou depuis le règne de Saint-Louis jusqu'à la mort du roi René. Il a fait partie de la sénéchaussée d'Anjou et a obéi aux mêmes sénéchaux jusqu'aux dernières années du XV⁰ siècle (1). Les mêmes coutumes ont régi les deux provinces pendant les XIII⁰, XIV⁰ et XV⁰ siècles (2). Ce fut seulement au commencement du XVI⁰ que le Maine eut sa coutume propre et distincte de celle d'Anjou.

(1) Voir la liste des sénéchaux de l'Anjou et du Maine dans le *Catalogue des gentilshommes* qui ont voté en 1789, par De Laroque et De Barthélemy.

(2) Tous les manuscrits des Coutumes d'Anjou et du Maine publiés par M. Beautemps-Beaupré portent le même intitulé : *Coustumes d'Anjou et du Maine* et souvent le même *explicit*. Il en est de même de plusieurs ms. des *Établissements de Saint-Louis*, étudiés et comparés par M. Paul Viollet.

Le 6 octobre 1508, les commissaires royaux chargés de présider à la rédaction des coutumes des provinces de l'Ouest achevèrent et publièrent celle d'Anjou. Dès le 7 du même mois, sans se donner un jour de repos et sans perdre de temps, ils partirent pour le Mans, où ils arrivèrent le lendemain. Les états provinciaux du Maine se réunirent le lundi 9, sur la convocation de Jacques Tahureau, lieutenant-général du sénéchal du Maine, en vertu des lettres-patentes du roi Louis XII, données à Blois le 2 septembre 1508. L'assemblée se tint au réfectoire des Jacobins.

A cette assemblée, composée de la même manière que celles d'Anjou et de Touraine et convoquée dans le même but, le clergé fut représenté par l'évêque du Mans, les abbés de Saint-Calais, de la Couture, de Saint-Vincent-lès-Le Mans, de La Fontaine-Daniel, de Bellebranche, de Perseigne, de L'Epau, de Tironneau, par le bailli d'Evron, pour les religieux dudit lieu, par le prieur de l'abbaye de Beaulieu, par le procureur des religieux de Champagne et par celui des religieux du Perayneuf, par le doyen, le chantre et le grand archidiacre de la cathédrale du Mans, députés du chapitre, par les procureurs des abbesses du Pré et d'Estival en Charnie, par le doyen du chapitre de Saint-Pierre-de-la-Cour du Mans, par le prieur de Châteaux-l'Hermitage et celui de Saint-Victeur, par le procureur du chapitre de Saint-Calais, celui du chapitre de Sillé-le-Guillaume et celui du prieur de Grammont, par le promoteur et l'official de l'évêché du Mans.

Pour l'ordre de la noblesse, comparurent : les procureurs de madame d'Alençon comme ayant le bail de Mgr le duc d'Alençon, son fils, à cause de la vicomté de Beaumont, Fresnay et Sainte-Suzanne et de la baronnie de Mayenne-la-Juhez, les procureurs du duc de Lorraine, pour les baronnies de Sablé et de La Ferté-Bernard, les procureurs du duc de Vendôme, seigneur de Montdoubleau et de Saint-Calais, ceux du comte de Laval et de François de Harcourt, seigneur de Bonnétable, les procureurs des barons de

Château-du-Loir, de Sillé-le-Guillaume, de La Milesse, d'Ambrières, les seigneurs châtelains, en personne ou par procureur, des châtellenies de Tucé, Vallon, Maigné, Loupelande et La Suze, Noyen, Courcelles, Ballon, Sourches, Vassé, Lassay, Vaux, Poligné, et un grand nombre d'autres seigneurs non qualifiés barons ou châtelains, mais possédant des fiefs et seigneuries dans l'étendue de la province.

La justice et le tiers-état eurent aussi de nombreux représentants : le juge du Maine, le lieutenant du sénéchal du Maine, le lieutenant du juge du Maine, le bailli de la prévôté et vairie du Mans, le procureur du roi et le sergent enquêteur au pays du Maine, le procureur des manants et habitants de la ville du Mans, les échevins de la même ville, les avocats et les praticiens du siège, les lieutenants des baillis de La Ferté-Bernard, de Beaumont, de Fresnay, du Sonnois, de Château-du-Loir, celui du Sénéchal de Mayenne, etc. ; les procureurs des habitants de La Ferté-Bernard, de Sablé, de Vieuvy, de Saint-Lou, de Flée, de Saint-Fraimbault, de Lassay, de La Basoche-Guydouin, de Nyort et Chantrigné, de Brûlon, de Beaumont-Pied-de-Bœuf, de Saint-Brice, de Lucé, de Ribay.

Tous les membres de l'assemblée présents firent serment « de bien et loyalement conseiller et dire vérité sur le fait » des coutumes de ladite sénéchaussée, de remontrer et » avertir ce que des choses contenues ès-dites coutumes en » serait utile et profitable ou préjudiciable et dommageable » au bien commun et utilité du pays. »

Après le serment, l'abbé de la Couture présenta, au nom de l'évêque et de tout le clergé, une protestation par laquelle il déclarait n'accepter aucun article de la réformation de la coutume qui pourrait être contraire aux droits et libertés de l'Église. Il lui fut donné acte de sa protestation, et il fut passé outre.

Puis le président fit donner lecture du cahier renfermant le travail préparatoire de la rédaction de la nouvelle coutume et la discussion des articles commença immédiatement après cette lecture. Elle porta sur plusieurs articles dont nous parlerons au cours de cette notice, et dura jusqu'au 15 octobre.

Le même jour les coutumes furent solennellement lues et publiées au couvent des Jacobins ou Frères Prêcheurs, par le greffier de la sénéchaussée, en présence de tous les membres de l'assemblée. Il fut fait défense à tous juges, officiers du roi, avocats et praticiens de faire dorénavant preuve des coutumes usitées au pays, par tourbes ou par témoins particuliers ; ordonné que la preuve des dites coutumes ne pourrait plus être faite à l'avenir que par extraits du texte officiel signés par le greffier de la sénéchaussée et dûment expédiés. Défense même fut faite d'alléguer d'autres coutumes contraires ou renfermant dérogation aux coutumes publiées et arrêtées. La rédaction fut dressée suivant l'usage en double original, l'un destiné à être déposé au greffe du Parlement de Paris, par les commissaires royaux ; l'autre, à rester au greffe de la sénéchaussée du Mans.

Le procès-verbal de la rédaction et celui de la publication portent l'un et l'autre les signatures de Baillet, président, et de Lelièvre, conseiller au Parlement, commissaires royaux, celles de Jacques Tahureau, lieutenant du sénéchal du Maine et de Martin Lesaige, greffier en la sénéchaussée, qui donna lecture du texte, lors de la promulgation officielle au couvent des Jacobins (1).

Ces procès-verbaux de la rédaction et de la promulgation des coutumes sont fort curieux à lire et à étudier. Ils nous font connaître par qui et comment étaient rédigées les lois au XVe et au XVIe siècles ; quelles étaient l'organisation judiciaire du temps, la composition des tribunaux et des

(1) Procès-verbal de la rédaction de la coutume et de la publication, dans Richebourg, *Coustumier général*, t. IV. p. 519, 520-527. — Richebourg ne relate pas pour la coutume du Maine, comme pour celle d'Anjou, la date du dépôt du double au parlement.

barreaux, la situation des sièges royaux ou féodaux, et enfin les noms des grands domaines ecclésiastiques et de leurs titulaires, ceux des principaux fiefs, baronnies, châtellenies, seigneuries importantes et ceux des gentilshommes auxquels ils appartenaient. Ces longues listes de noms ne sont pas sans intérêt pour l'histoire généalogique des familles nobles ou d'ancienne bourgeoisie.

On est étonné de voir à cette époque tous les intérêts aussi bien représentés dans une assemblée provinciale parfaitement compétente pour rédiger des lois civiles, qui savait ce qu'elle faisait et ce qu'elle voulait. On remarque qu'au sein de cette assemblée, dont la composition était si disparate, régnait la plus complète liberté de discussion. Prêtres, moines, barons et seigneurs, magistrats, avocats, praticiens, échevins et procureurs des manants des villes, gens du roi, ecclésiastiques, nobles et roturiers débattaient et défendaient les intérêts qu'ils étaient chargés de représenter avec une égale liberté. Le président intervenait souvent et montrait généralement, avec la science du droit, qui convient à un membre de la première magistrature de France, un esprit élevé, large et équitable ; il jouait le rôle de modérateur et de conciliateur. Lorsque l'accord ne pouvait s'établir entre les trois ordres, la question controversée était renvoyée devant le Parlement de Paris auquel appartenait la solution définitive des points restés en litige et l'approbation des coutumes. Mais il faut reconnaître que le Parlement a laissé la plupart de ces questions sans les résoudre, et que les articles admis provisoirement par les présidents des assemblées provinciales, sauf décision de la Cour, ont fini par durer indéfiniment jusqu'à une nouvelle réformation ou même jusqu'à la Révolution.

II

DROITS SEIGNEURIAUX

Nous ne pouvons exposer ici dans leur ensemble toutes

les dispositions de la coutume du Maine ; il faudrait pour cela écrire un volume ; nous nous bornerons à parler des articles qui donnèrent lieu à quelque discussion lors de l'assemblée de 1508 ou qui furent introduits par cette assemblée et modifièrent l'ancien droit du Maine. Nous résumerons ensuite les principaux caractères du droit féodal de notre coutume, en suivant en général l'ordre des articles ; nous serons cependant obligé de l'intervertir quelquefois pour plus de méthode et de clarté.

Le seigneur bas-justicier jouissait au Maine comme en Anjou des droits de banalité. Le seigneur pouvait contraindre ses sujets demeurant dans un rayon déterminé à venir moudre à son moulin, cuire à son four, et dans certains cas et sous certaines distinctions à faire presser sa vendange au pressoir seigneurial. Au nombre des banalités se trouvait le moulin à fouler. Il y avait peine de confiscation, au profit du seigneur de fief, du drap foulé à un autre moulin que le sien, si le sujet était pris en flagrant délit soit en allant au moulin soit à son retour avec le drap foulé en fraude. L'assemblée trouva la peine trop sévère et accorda au délinquant le droit de racheter son drap dans la quinzaine au prix de 12 deniers mançois par aune, et en payant en outre le droit de foulage (1).

Les immeubles des aubains et des bâtards morts sans enfants appartenaient aux seigneurs bas-justiciers dans les fiefs desquels ces biens se trouvaient situés. Les biens meubles des mêmes individus appartenaient aux moyens-justiciers. Les gens du roi protestèrent vivement contre cet article disant qu'au roi seul doivent appartenir les successions des aubains, tant mobilières qu'immobilières et que la coutume ne peut prévaloir contre les droits du roi. Le clergé, par l'organe de l'official de la cathédrale, réclama de son côté

---

(1) Procès-verbal de la Coutume du Maine, sur l'art. 22. — Comp. Cout. d'Anjou, procès-verbal, art. 21.

pour l'évêque le droit de recueillir les biens meubles des
bâtards entrés dans les ordres avec dispense, parce que ces
biens procèdent des revenus de l'Église. Quant aux biens des
aubains nés hors du royaume, l'évêque les réclamait aussi
pour en disposer en œuvres pies, prétendant qu'il en avait
toujours usé jusqu'à ce que les gens du roi eussent voulu lui
enlever ce privilège contre les libertés et les droits de
l'Église. Il ajoutait qu'il y avait procès pendant sur ce sujet
devant le Parlement. A cette double protestation il fut
répondu par la grande majorité de l'assemblée que telle était
la coutume du Maine; que de tout temps et de toute ancien-
neté les seigneurs justiciers avaient usé des droits d'aubaine
et de bâtardise, comme il est écrit dans les anciennes coutumes du pays. L'article fut donc maintenu et il fut donné acte
à l'évêque et aux gens du roi de leurs protestations. Il est à
remarquer que ces protestations, renvoyées devant le Parlement, restaient à l'état purement platonique et ne recevaient
jamais de solution (1).

L'ancienne coutume reconnaissait aux seigneurs châtelains
le droit d'avoir justice haute, moyenne et basse, avec la connaissance des grands cas, c'est-à-dire le jugement des ravis-
seurs de personnes, des accusés d'homicide fait de « guet à
» pensée, d'encès qui est de meurdrir femme enceinte ou
» son enfant au ventre », des embraseurs de maisons, guet-
teurs de chemins, sacrilèges, desserpilleurs de passants,
dépopulateurs de champs, brigands, empoisonneurs et autres
accusés de cas semblables. Autrement dit, les seigneurs
châtelains jugeaient la plupart des faits aujourd'hui qualifiés
crimes par la loi : assassinat, viol, incendie, brigandage à
main armée, etc. Les seigneurs hauts-justiciers non qualifiés châtelains pouvaient même connaître de ces cas spéciaux
s'ils y étaient fondés en titre ou par prescription.

(1) Procès-verbal de la coutume du Maine, sur l'art. 48. — Procès-verbal
de la coutume d'Anjou, sur l'art. 41.

L'ancienne coutume permettait aussi aux châtelains et aux seigneurs hauts-justiciers fondés en titre ou par prescription de muer le cas criminel en cas civil, en matière de simples crimes, s'il y a lieu ; c'est-à-dire de transformer une accusation criminelle en une simple demande civile, et de substituer une peine purement pécuniaire à une peine afflictive.

En ce qui concerne les barons, l'article proposé était ainsi conçu : « Les comtes, le vicomte de Beaumont, les barons, sous le ressort et suzeraineté dudit comte du Maine, ont toute juridiction haute, moyenne et basse en leur territoire ainsi que la punition et correction de leurs sujets. Ils ont aussi le pardon et rémission des délits faits par leurs sujets en leur juridiction, forban et rappel (1), et peuvent muer le cas criminel en cas civil. « Et peuvent avoir les comtes et » v^te de Beaumont gibet à six piliers au merc de leur justice » et le baron, à quatre piliers. Le c^te du Maine peut avoir » gibet à fest, tel que bon lui semblera, en signe de suze- » raineté. Et ne peut le Roi sans l'assentiment dudit comte » du Maine mettre coutume en son pays, ni le comte du » Maine, sans l'assentiment de ses vassaux ».

Cette rédaction, conforme à l'ancien droit, fut vivement discutée. Il fut remontré qu'au Roi seul appartient le droit de donner pardon et rémission des crimes et délits faits par les sujets du royaume, celui de rappel de ban, et de muer le cas criminel en cas civil. Les comtes, vicomtes et barons répondirent qu'ils avaient de tout temps joui du droit de rémission et de celui de muer le cas criminel en cas civil. Après discussion des raisons alléguées de part et d'autre une nouvelle rédaction fut adoptée par l'assemblée. Les châtelains et même les seigneurs inférieurs fondés en titre ou par prescription conservèrent le droit d'avoir toute justice haute, moyenne et basse, avec la connaissance des grands cas ci-dessus désignés, mais ils perdirent le droit de muer le cas

(1) Droit d'exiler leurs sujets de leur seigneurie, et de lever cette peine.

criminel en cas civil. On réserva aux barons, comtes et vicomte de Beaumont la pleine justice féodale haute, moyenne et basse, et le droit de correction sur leurs sujets. Mais on ôta à ces puissants seigneurs, comme aux simples châtelains, le droit de pardon et de rémission, celui de forban et de rappel de ban et celui de muer le cas criminel en cas civil. Le comte du Maine et ses barons furent aussi privés du droit de consentir aux coutumes ou impositions que le roi pourrait mettre sur leurs terres et sur celles de leurs vassaux. La féodalité perdait de la sorte ses plus belles prérogatives au profit du pouvoir absolu du Roi, qui pouvait dès lors sans entraves et sans craindre l'opposition des barons imposer la province suivant son bon plaisir.

Les procureurs du duc de Lorraine, baron de Sablé et de La Ferté-Bernard, après la correction faite et l'adoption des nouveaux articles, n'en remontrèrent pas moins que le duc de Lorraine avait droit de bailler rémission et pardon en ses baronnies et de convertir le cas criminel en cas civil, protestant que la correction dudit article ne pouvait aucunement préjudicier aux droits de leur mandant. Il leur fut donné acte de leur protestation et l'assemblée passa outre (1).

Le droit de prévention consistait en ce que les seigneurs supérieurs dans l'ordre hiérarchique, pouvaient connaître par préférence aux seigneurs inférieurs des causes intéressant les sujets de ceux-ci. Il résultait de ce droit le grand avantage de ne pas multiplier les juridictions et de simplifier les procédures. Mais d'autre part il avait le grand inconvénient d'attirer les plaideurs loin de chez eux pour des causes minimes, de leur faire perdre leur temps et d'augmenter les frais de déplacement. Aussi l'article proposé donnait-il au juge suzerain le droit de renvoyer le demandeur à se pour-

(1) Procès-verbal de la Coutume du Maine, sur les art. 51 et 56. — Les barons angevins perdirent aussi en 1508 le droit de grâce et de rappel et celui de muer le cas criminel en cas civil, mais ils conservèrent celui de forbannir. (Procès-verbal de la Coutume d'Anjou, sur l'art. 48.)

voir devant le juge inférieur lorsqu'il avait fait assigner
malicieusement le défendeur au loin pour des affaires sans
importance et de le condamner à l'amende et aux dépens.
A ce sujet les procureurs de la duchesse d'Alençon, ceux du
duc de Lorraine, ceux du duc de Vendôme et plusieurs
nobles se plaignirent de ce que les sujets étaient fort
molestés par des assignations données abusivement devant
les officiers du roi pour les causes de 20 sols et même
moins, et de ce qu'on les obligeât quelquefois à faire vingt-
cinq ou trente lieues pour des causes aussi minimes. Les
barons se plaignaient également du préjudice qu'on leur
portait à eux-mêmes par l'abus de ce droit de prévention
qui les privait de toute autorité sur leurs sujets. Les officiers
du roi répondirent que ce droit était ancien et qu'il avait
toujours existé au profit du comte du Maine, qu'il apportait
grand revenu et profit au Roi devenu comte du Maine ; que
la ferme des greffes des juridictions royales baisserait de
valeur s'il était supprimé et que le domaine du Roi perdrait
plus de 2,000 livres de revenu ; qu'enfin si le Roi usait de
ce droit sur les barons, ceux-ci en usaient sur leurs vassaux.
Les gens d'église appuyaient la réclamation des barons.
Quoiqu'elle ne fût pas absolument désintéressée, cette réclamation était cependant bien fondée. La question ne fut pas
tranchée. Les parties contestantes, c'est-à-dire les barons
d'une part, le procureur du roi de l'autre, durent présenter
respectivement leurs observations par écrit pour qu'il en fût
fait rapport à la Cour. L'article fut adopté tel qu'il avait été
proposé et le renvoi devant les juridictions inférieures resta
facultatif pour les juges suzerains (1). Ce n'est pas d'aujour-
d'hui que des intérêts fiscaux et domaniaux entravent les
réformes les plus utiles et font obstacle à la diminution des
frais judiciaires. Toutefois l'établissement des juges de paix

(1) Procès-verbal de la Cout. du Maine, sur l'art. 76. — Procès-verbal
de la Cout. d'Anjou, sur l'art. 66.

devait plus tard rapprocher le juge et les plaideurs et dimi-
nuer notablement les frais de déplacement dans l'intérêt des
justiciables.

Les juges royaux seuls avaient connaissance de l'exécution
des lettres passées sous le scel royal sans pouvoir renvoyer
devant la juridiction inférieure. L'assemblée modifia l'ancien
article de la Coutume, en ce sens que le juge royal eut aussi
la faculté de renvoyer les plaideurs devant la juridiction de
leurs seigneurs directs, à moins que les lettres ne fussent
arguées de faux ; dans ce dernier cas la juridiction royale
resta seule compétente (1).

Il y eut protestation des gens d'église contre un article de
la Coutume qui reconnaît aux seigneurs justiciers le droit de
saisir, pour devoirs non payés, les meubles et les fonds de
terre de leurs sujets. Les ecclésiastiques prétendirent que
cet article ne leur était pas applicable et que leurs meubles
ne pouvaient être saisis (2).

Ils protestèrent aussi contre un article relatif au droit de
ban vin et de ban de vendanger, d'après lequel les privilégiés nobles ou ecclésiastiques n'étaient point exempts de ce
droit. Les gens d'église remontrèrent que cette disposition
était contraire à leur liberté, qu'elle les privait de la faculté
de vendre des biens meubles et qu'ils étaient exempts de la
juridiction des juges séculiers (3).

L'assemblée ne paraît pas avoir tenu grand compte de ces
protestations, car les deux articles en question passèrent
dans la coutume tels qu'ils avaient été proposés et sans
modification (4).

(1) Procès-verbal de la Cout. du Maine, sur l'art. 88.
(2) Procès-verbal de la Cout. du Maine, sur l'art. 198.
(3) Procès-verbal de la Cout. du Maine, sur l'art. 204.
(4) Cout. du Maine, art. 198 et 204.

III

BAIL ET TUTELLE

Le bail était dans l'origine le droit qu'avait le seigneur féodal de prendre en sa main le fief de son vassal mineur et d'en jouir jusqu'à ce que celui-ci fut en âge de faire le service du fief. Plus tard ce droit passa à la famille ; il était exorbitant et abusif, car le baillistre faisait siens non seulement les fruits du fief, mais les meubles du mineur. Aussi fut-il restreint aux père et mère survivants. L'article proposé à l'assemblée de 1508 maintenait encore entre nobles la faculté pour le baillistre de bénéficier des meubles du mineur. Le commissaire royal fit observer que le baillistre profitait ainsi du numéraire, du linge, de la vaisselle des mineurs nobles et de tous leurs biens mobiliers, que ce droit était inique et très-préjudiciable aux intérêts des mineurs qui se trouvaient ainsi spoliés et ruinés. Les baillistres, disait-il, n'acceptaient la charge du bail que s'il leur était utile et profitable. Le commissaire insista vivement pour faire modifier un usage aussi contraire à la droite raison et à l'équité. Ses observations furent acceptées par l'unanimité de l'assemblée.

D'après l'article adopté, le père ou la mère seulement prend le bail de ses enfants mineurs, si bon lui semble ; le baillistre fait siens les fruits des héritages des mineurs (et non les meubles), à la charge de payer les dettes personnelles. Si le baillistre, père ou mère des mineurs, se remarie il perd le bail ; il est alors nommé un tuteur auquel on fait délivrance des héritages et des meubles des mineurs, à la charge d'en rendre compte et reliquat. Le père ou la mère en prenant le bail est tenu de faire inventorier les meubles des enfants ; le baillistre est obligé de les nourrir et entretenir selon leur état et condition jusqu'à leur majorité (1).

(1) Procès-verbal de la Cout. du Maine, sur l'art. 98. — Des modifications analogues furent apportées à la Coutume d'Anjou sur le même sujet, en 1508. (Procès-verbal de la Cout. d'Anjou, sur l'art. 85.)

Les autres dispositions proposées ne reçurent pas de modifications (1).

Il ne se présenta non plus aucune difficulté au sujet des articles relatifs au douaire et au régime matrimonial.

IV

SUCCESSIONS

La coutume du Maine était, ainsi que la coutume d'Anjou, d'une excessive rigueur envers les cadets nobles. Non-seulement ils n'avaient droit qu'au tiers de la succession tant paternelle que maternelle, en usufruit et non en pleine propriété, mais leurs acquêts mêmes passaient à leur décès à leur frère aîné ou à sa représentation. Le commissaire royal présenta ses observations sur cette coutume qu'il combattit comme trop rigoureuse et contraire à la raison et à l'équité.

L'assemblée consentit à modifier l'ancien usage sur les points suivants, à savoir : si les puînés mâles font des acquêts avec le produit de leurs économies provenant soit du revenu de leur usufruit, soit du service du prince ou de toute autre cause, leurs enfants légitimes seront appelés à y succéder, ainsi qu'aux meubles. Si un puîné meurt sans enfants, l'aîné ou sa représentation succédera aux deux tiers des acquêts par lui faits. L'autre tiers des acquêts sera partagé également entre les sœurs et les autres cadets mâles. Les puînés succéderont en ligne collatérale avec les filles tandis que, d'après l'ancien droit angevin-manceau, ils étaient exclus des successions collatérales qui passaient en entier à leur frère aîné (2).

(1) Cout. du Maine, art. 99-106. Ces articles reproduisent diverses dispositions du premier article proposé et qui fut scindé pour plus de clarté. Comp. Cout. d'Anjou, art. 85, 88, 94, et procès-verbal sur ces mêmes articles.

(2) Cout. d'Anjou et du Maine de 1411, art. 155 ; — Cout. de 1463, art. 187 (Beautemps-Beaupré, textes E. et I.).

Ces dispositions nouvelles furent acceptées à l'unanimité par les trois ordres de la province ; mais sur la question proposée s'il convenait de donner aux puinés leurs tiers des biens provenant de succession directe en héritage et d'abroger ịe droit existant d'après lequel ils ne pouvaient en jouir qu'en usufruit, l'assemblée se partagea.

A cause de la diversité des opinions il fut ordonné que les parties produiraient de part et d'autre leurs observations pour en être fait rapport à la Cour ; que toutefois jusqu'à ce qu'il en fût décidé autrement par elle, l'ancien usage resterait en vigueur et que les cadets nobles continueraient à recueillir le tiers de l'héritage paternel et maternel en usufruit seulement (1). La question, comme bien d'autres, ne fut jamais tranchée et l'ancien droit resta en vigueur sur ce point au Maine, comme en Anjou, jusqu'à l'abolition du droit d'ainesse en 1790.

D'après l'ancien droit, l'homme ou la femme qui entre en religion est reputé mort civil. Il ne peut recueillir les successions qui peuvent lui échoir après sa profession faite ; elles passent à ses parents comme s'il était mort. Les gens d'église ayant présenté des observations sur cet article, le droit du religieux de disposer des biens à lui appartenant au moment de sa profession, en se conformant aux décisions de la Coutume sur les donations, fut reconnu formellement en sa faveur et exprimé dans le texte d'une manière précise (2).

Les jeunes gens roturiers peuvent dès l'âge de quatorze ans passer des contrats valables en ce qui touche leurs menus meubles ; mais en ce qui concerne les contrats portant aliénation des autres meubles ou des immeubles, ils ne peuvent contracter sans autorité de justice jusqu'à vingt ans,

(1) Procès-verbal de la Cout. du Maine, sur les articles 238 et 239.
Voir aussi : art. 245. — Procès-verbal de la Cout. d'Anjou, sur les art. 222, 226.
(2) Procès-verbal de la Cout. du Maine, sur l'art. 267. — Procès-verbal de la Coutume d'Anjou, sur l'art. 249.

comme les nobles. Les représentants du clergé protestèrent contre cette disposition de la Coutume, disant qu'on ne pouvait enlever aux mineurs âgés de quatorze à vingt ans qui entrent en religion le droit de disposer de ce qu'ils possèdent, au moment de leur profession, au profit du couvent où ils entrent. Il se produisit encore sur ce point divergence d'opinions ; la question ne put être tranchée par l'assemblée et fut renvoyée au Parlement (1). C'est dire qu'elle eut le sort des questions renvoyées et fût ajournée indéfiniment.

V

DONATIONS ET TESTAMENTS

Le système des donations éprouva quelques modifications à l'assemblée de 1508. D'après l'article proposé l'homme noble pouvait disposer de tous ses acquêts, conquêts et meubles, sauf de certains objets particuliers formant une sorte de *gerade* qui appartenait à l'aîné (le cheval de guerre et son harnais, la chapelle). Il avait droit de donner à sa femme, à ses enfants puinés ou à l'un d'eux, ainsi qu'à un étranger, soit entre-vifs, soit par testament, le tiers de ses immeubles propres, non compris le principal manoir ou hébergement avec ses dépendances immédiates qui revenaient de plein droit à l'aîné ; mais il ne disposait des immeubles propres qu'en usufruit ou à viage seulement. La femme noble pouvait faire semblable donation à ses puinés ou à un étranger, à la condition d'être autorisée de son mari si elle était encore sous puissance maritale, mais par don mutuel et à viage seulement.

Par la décision de l'assemblée l'article fut modifié comme suit.

(1) Procès-verbal de la Cout. du Maine, sur l'art. 455.

1º Entre époux, deux conjoints par mariage, nobles ou coutumiers sans distinction, ont droit de se donner l'un à l'autre par donation mutuelle ou autrement, s'il y a des enfants, leurs meubles à perpétuité et leurs acquêts et conquêts à viage, tant qu'ils seront en viduité, à la charge de nourrir les enfants mineurs jusqu'à ce qu'ils soient arrivés à leur majorité.

S'il n'y a ni meubles ni acquêts ou conquêts, les époux pourront disposer en faveur l'un de l'autre du tiers de leur patrimoine à perpétuité ; dans le cas où il n'y a pas d'enfants, ils ont droit de se donner réciproquement leurs meubles et acquêts à perpétuité.

2º Entre parents et enfants, l'homme ou la femme noble peut donner à tous ses enfants puinés ensemble tous ses meubles et acquêts et la tierce partie de son patrimoine à perpétuité, ou à l'un d'eux tous les meubles et les deux tiers des acquêts à perpétuité, en laissant le tiers du patrimoine et le tiers des acquêts aux autres puinés « à chacun d'eux » pour telle portion qu'ils doivent succéder par ladite cou- » tume », c'est-à-dire partager par parts égales ; les deux tiers du patrimoine, avec le principal manoir et le chezé (vol du chapon), demeurent à l'aîné ; ni le père ni la mère n'ont droit d'en disposer à son préjudice ; cette prohibition de l'ancienne coutume fut maintenue.

Il n'est pas question ici des dons faits aux enfants rotu- riers, par la raison que l'égalité la plus parfaite devait régner entre eux, à moins qu'il n'y eût dans la succession pater- nelle ou maternelle des fiefs tombés en tierce foi ; il ne fut rien innové à cet égard.

3º Pour les dons entre étrangers, les époux ou l'un d'eux, s'il a des enfants, n'a faculté de donner à un étranger, c'est- à-dire à quiconque n'est pas héritier présomptif, que le tiers des meubles à perpétuité ou à viage ; s'il n'a pas d'enfants, il peut disposer de tous ses meubles et acquêts, à perpétuité ou à vie.

La série des modifications admises en 1508 par l'assemblée provinciale aux dispositions de l'ancien droit sur les donations a donc plutôt restreint qu'étendu la faculté de disposer, surtout entre étrangers (1). On ne voit pas toutefois que ces modifications aient occasionné au Mans et à Angers, où elles furent admises également, des discussions aussi vives que celles qui eurent lieu à Tours, en 1507, à la même occasion et sur le même sujet.

Le testament n'était pas vu par nos coutumes d'une manière bien favorable. On se plaignit toutefois que d'après l'ancien droit les testaments demeuraient souvent sans exécution par ce que les exécuteurs, chargés par les testateurs d'accomplir leurs dispositions testamentaires, en étaient trop facilement déchargés. Ils pouvaient en effet s'en remettre aux héritiers, à la charge par ceux-ci de remplir certaines formalités et de fournir caution. On introduisit dans la coutume une disposition nouvelle, d'après laquelle les exécuteurs d'un testament sont saisis durant l'an et jour qui suivent le trépas du testateur, des meubles et acquêts de celui-ci pour l'accomplissement du testament, et, faute de meubles et acquêts, de la tierce partie du patrimoine. Ils sont tenus de faire inventaire desdits meubles avant d'en être saisis. Les héritiers sont appelés pour voir exécuter le testament. Si l'exécuteur ne demeure pas au pays, les meubles inventoriés doivent être mis en dépôt pour que l'exécuteur puisse en disposer ; l'an et jour passé, les héritiers en sont saisis (2).

D'après l'article 292 proposé, les testaments, comme les obligations, pour être valables et opérer validement une translation de propriété, doivent être rédigés par deux notaires, en présence de deux témoins dignes de foi. On

(1) Cout. du Maine, art. 334-336 et procès-verbal de la Cout. du Maine, sur l'art. 334. — Procès-verbal de la Cout. d'Anjou, sur les art. 321, 325.

(2) Procès-verbal de la Cout. du Maine, sur l'art. 291. — Procès-verbal de la Cout. d'Anjou, sur l'art. 274.

admettait aussi que les ecclésiastiques, tels que le curé, et les vicaires ou chapelains de la paroisse du testateur, pouvaient recevoir un testament, en présence de témoins dignes de foi, à la condition que le testament ne renfermât aucune disposition au profit du rédacteur ou de son église, auquel cas le don ou aliénation d'héritage eût été nul.

L'article proposé ne parlait pas du testament olographe. L'assemblée lui substitua une nouvelle rédaction. Le testament, d'après l'article adopté, est valable à la condition d'avoir été reçu par un notaire assisté de trois témoins ou par le curé ou son vicaire également en présence de trois témoins, ou d'être écrit et signé de la main du testateur. Toutefois si le testament a été fait *ad pias causas* et s'il n'excède pas six livres tournois, il suffit pour sa validité d'un notaire, du curé ou de son vicaire et de deux témoins (1). Cette nouvelle rédaction admet le testament olographe et modifie les dispositions relatives aux causes pies qu'il facilite plus que la première rédaction.

La Coutume porte qu'un don d'héritage fait moyennant une charge que les parents lignagers pourraient accomplir est sujet à retrait. On sait que d'après l'ancien droit coutumier les parents lignagers pouvaient dans l'an et jour de la vente ou aliénation d'un propre de famille, retirer ce bien des mains de l'acquéreur, en lui remboursant le prix principal et les frais. Les gens d'église protestèrent contre l'article proposé, en ce qui concerne les dons faits à l'église à charge de service, disant que le retrait n'a lieu qu'en cas de vente et non *in contractibus innominatis* ; que des prières et le service divin ne sont pas objet de vente ; qu'en faisant de tels dons les donateurs ont égard à la capacité de ceux auxquels ils donnent et reposent leur confiance sur eux ; qu'appeler à leur place les lignagers ce serait violer leur intention et tromper leur confiance.

(1) Procès-verbal de la Coutume du Maine, sur l'art. 292. — Coutume d'Anjou, art. 276.

L'assemblée ne paraît pas avoir eu égard à cette protestation, car l'article resta inséré à la coutume tel qu'il avait été proposé et la protestation du clergé ne fut même pas renvoyée devant la Cour (1).

VI

PRESCRIPTION

« Prescription ne court point contre mineurs » dit l'ancien adage de droit. Notre coutume consacre ce principe et permet aux mineurs dans l'année qui suit leur majorité de se maintenir en possession de tous droits dont leur père, mère, aïeul ou aïeulle ou autres prédécesseurs étaient saisis au moment de leur trépas. Cette disposition fut toutefois critiquée, parceque si le mineur n'était âgé que de deux ou trois ans au moment du décès de son auteur, les détenteurs pouvaient se voir attaquer au possessoire après être restés saisis pendant un délai de vingt ans. La protestation fut repoussée par la raison que telle était la coutume observée de tout temps au pays et inscrite dans les anciens coutumiers (2).

Le même privilège protège la femme mariée. Si le mari aliène des biens appartenant à sa femme, sans le consentement de celle-ci, la prescription ne court point contre elle durant le mariage et pendant l'année qui suit le décès de son mari elle peut réclamer *par saisine et possession*, c'est-à-dire par l'action possessoire, les immeubles vendus ; mais après l'année écoulée elle doit les réclamer *par action*, au pétitoire. Cet article fut l'objet des mêmes critiques que le précédent ; elles furent repoussées par les mêmes raisons (3).

En ce qui concerne les biens d'église, la prescription

(1) Procès-verbal de la Cout. du Maine, sur l'art. 431.
(2) Procès-verbal de la Cout. du Maine, sur l'art. 454.
(3) Procès-verbal de la Cout. du Maine, sur les art. 456, 457.

n'est acquise contre l'Église qu'au bout de quarante ans, pour les héritages de fondation ancienne et pour les acquêts ou accroissements faits depuis plus de quarante ans ; mais pour les acquisitions faites depuis moins de quarante ans la prescription des biens ecclésiastiques est soumise aux règles du droit commun. Les gens d'église ne peuvent prescrire contre le droit de contrainte et d'injonction appartenant aux seigneurs féodaux, que par la possession de quarante ans. En vertu de ce droit le seigneur féodal pouvait contraindre les communautés religieuses à mettre leurs nouveaux acquêts hors de leurs mains, à s'en dessaisir, ou à payer une indemnité au seigneur au choix de celui-ci. En cette matière les propriétaires ecclésiastiques ne sont pas privilégiés.

Les gens d'église protestèrent contre cette disposition comme contraire à la liberté de l'Eglise et s'opposèrent formellement à ce qu'elle fût reçue comme coutume. Les gens du roi combattirent de leur côté cette opposition. Le différent fut remis à la décision de la Cour et l'article, inséré tel qu'il avait été proposé, mais avec la protestation qui figure dans le texte même (1).

VII

RENTES ET HYPOTHÈQUES

D'après l'ancien droit, le détenteur d'un héritage grevé d'une rente peut s'en décharger en faisant *exponce*, c'est-à-dire cession de biens à son créancier, pourvu toutefois que celui-ci ne soit pas seigneur du fief duquel dépend l'immeuble grevé. Le débiteur cédant doit payer les arrérages échus et remettre l'héritage ainsi cédé en bon état de réparations. De

(1) Cout. du Maine, art. 459, 460, et procès-verbal de la Cout., sur les mêmes articles.

nouvelles dispositions furent ajoutées à l'ancienne coutume, de l'avis de tous les assistants. D'après le nouvel article l'obligé ou l'héritier de l'obligé ne peut faire exponce sans payer tous les arrérages, mais le tiers détenteur n'est tenu que des arrérages échus depuis les notification et sommation faites par le créancier, à moins qu'il n'ait pris l'héritage à charge de servir ladite rente (1).

L'ordre des créanciers hypothécaires fut ainsi réglé par la nouvelle coutume. Le premier acquéreur, s'il a eu possession de la rente est préféré aux acquéreurs subséquents ; mais s'il n'a pas eu possession de la rente, il doit faire ses diligences pour *interrupter* les acquéreurs subséquents (interrompre leur possession) dans les cinq ans de la possession par eux prise ; faute par lui d'avoir pris cette précaution, il perdra son droit et les acquéreurs postérieurs en date lui seront préférés car en ce cas la Coutume n'a pas égard à la priorité ou à la postériorité du contrat. L'article proposé ne donnait au premier acquéreur qu'un délai de trois ans pour signifier son interruption ; l'assemblée porta le délai à cinq ans.

Mais si les acquéreurs subséquents, qui auraient acquis possession de la rente, sont de leur côté négligents et laissent le premier acquéreur ou créancier acquérir la possession quinquennale sans lui signifier d'interruption, dans ce cas le premier acquéreur, grâce à cette possession non interrompue, recouvrerait le droit d'être admis au partage par contribution au même titre que les créanciers postérieurs en date, mais qui avaient eu possession avant lui.

Enfin l'article suivant, rédigé par l'assemblée en séance et substitué au texte proposé, me semble parfaitement résumer toute l'économie de la coutume en matière hypothécaire. Lorsqu'il y a exécution sur un immeuble hypothéqué au paiement d'une rente acquise, le créancier qui a eu prescription de

(1) Procès-verbal de la Cout. du Maine, sur l'art. 469.

la dite rente, c'est-à-dire qui en a joui pendant trente ans, doit être préféré aux autres créanciers qui n'ont pas perçu cette rente et aux créanciers purement chirographaires (qui n'ont que des créances personnelles). Le créancier possesseur de la rente est préféré à tous autres sans égard à la date du contrat. Si le premier créancier n'a pas perçu la rente, mais s'il fait *interrupter* dans les cinq ans le second créancier, il lui est préféré dans le cas même ou celui-ci aurait le premier perçu la rente, avant cette interruption (1). En un mot, c'est toujours le fait de la possession ou perception de la rente qui donne au créancier droit au privilège d'être colloqué au premier rang. L'hypothèque est un gage, une sorte de nantissement dont il faut être en possession pour être préféré aux autres créanciers.

Une difficulté s'éleva au sujet des ventes judiciaires par saisie immobilière, appelées alors adjudications par décret. D'après l'article proposé, lorsque l'héritage du débiteur est mis en main de justice par voie d'exécution, à la requête d'un créancier, les autres créanciers qui depuis moins de trente ans ont acquis des rentes ou d'autres redevances, charges ou créances sur cet immeuble, doivent faire opposition avant l'adjudication du décret ; après l'adjudication ils seraient forclos, à moins qu'il ne s'agisse de l'héritage même baillé à rente. Dans ce cas en effet le créancier qui a cédé l'immeuble est un vendeur, privilégié en cette qualité, comme il l'est encore aujourd'hui.

Les créanciers qui ont rentes anciennes, créées depuis plus de trente ans, jouissent du même privilège et ne perdent point leurs rentes par suite de vente criée ; mais faute par eux d'avoir fait opposition avant l'adjudication, ils perdent les arrérages des rentes s'il leur en est dû. Le seigneur de fief ne perd point non plus ses devoirs ni arrérages par l'effet

(1) Cout. du Maine, art. 480-482 et procès-verbal de la coutume, sur l'art. 482.

de la vente judiciaire ; il ne peut les perdre que par la prescription trentenaire au profit du débiteur. En un mot, le
principe juridique d'après lequel le décret purge les hypothèques reçoit dans notre coutume trois exceptions : 1° au
profit du créancier qui a constitué une rente sur le fonds
même saisi et adjugé ; 2° pour les crédi-rentiers ayant titre
remontant à plus de trente ans ; 3° en faveur du seigneur de
fief.

Le commissaire royal s'éleva contre la rédaction de cet
article, disant qu'une pareille disposition était contraire à
l'intérêt général ; que l'acheteur par décret ne serait jamais
sûr de ce qui lui était adjugé ; qu'on allait contre le but
même des ventes à la criée qui était de sauvegarder les
intérêts des acheteurs par la publicité ; que si telle était
l'ancienne coutume, il fallait la modifier sur ce point. Le
commissaire ajoutait que dans d'autres localités, semblable
correction avait été faite, d'accord commun par les trois
ordres, en ce qui concerne les rentes et arrérages constitués
sur les immeubles vendus à la criée ; que dans la plupart
des sénéchaussées du royaume on suivait un usage contraire ;
que presque partout les créanciers qui n'avaient pas fait en
temps utile opposition aux criées pour les rentes et arrérages, ainsi que pour les arrérages des droits seigneuriaux,
perdaient après le décret d'adjudication les rentes et arrérages qui pourraient leur être dus sur le bien adjugé. Le
représentant du pouvoir royal demandait la suppression des
exceptions admises par la coutume, à la règle de la purge
des hypothèques par l'effet du décret.

Ces considérations économiques ne furent pas acceptées
par l'assemblée. On répondit au commissaire royal que telle
était la coutume ancienne et l'article fut maintenu avec la
rédaction proposée ; le commissaire déclara cependant qu'il
ferait son rapport à la Cour sur ce sujet (1). Il en fut de cette

_____

(1) Procès-verbal de la Cout. du Maine, sur l'art. 489 — Procès-verbal
de la Cout. d'Anjou, sur l'art. 486.

protestation comme de beaucoup d'autres ; elle resta lettre morte et la question ne fut jamais tranchée par le Parlement.

La Coutume du Maine n'ayant pas subi de nouvelle réforme après celle de 1508, tous les articles arrêtés provisoirement restèrent définitifs et ne furent point modifiés.

VIII

CARACTÈRES DU DROIT FÉODAL, D'APRÈS LA COUTUME DU MAINE

La Coutume du Maine, comme celles d'Anjou et de Touraine et beaucoup d'autres, admet trois degrés de justice féodale : la basse, la moyenne et la haute.

Le bas justicier ne connaît pas des causes criminelles, ni des causes purement personnelles, à moins qu'il n'y soit fondé en titre ou par prescription. Il connaît seulement des causes civiles réelles, tant au possessoire qu'au pétitoire, des dommages de bêtes et des bornages ; il ne peut prononcer d'amende supérieure à 60 sols mançois (1).

A la basse justice appartiennent une foule de droits utiles. Les bas-justiciers prélèvent *la petite coutume* sur les denrées, vendues en leur fief, le *levage* des denrées, qui ont séjourné huit jours, *l'épave d'avettes* (droit de recueillir les essaims d'abeilles), le droit de *banalité* pour le moulin à blé, le moulin à fouler, le four à cuire le pain (dans le cas où le seigneur possède bourg ou portion de bourg) et même le pressoir sous certaines conditions. La confiscation des objets manipulés en fraude en est la sanction. Le seigneur bas-justicier a aussi le droit d'épaves foncières, en vertu duquel

____

(1) Cout. du Maine, art. 4, 6, 12, 297. — Cout. d'Anjou, art. 2, 3, 11, 280.

il recueille les biens immeubles, situés en son fief, des
aubains et des bâtards morts sans enfants légitimes et de
toute personne décédée sans héritiers. Il peut faire étang
en son fief, à la charge d'indemniser ses sujets auxquels
l'étang porterait préjudice (1).

Le droit d'injonction et d'indemnité appartient aussi à la
basse justice, comme à celle des degrés plus élevés. Le bas
justicier peut contraindre les communautés religieuses qui
ont acquis des immeubles situés dans l'étendue de son fief
depuis moins de quarante ans, à s'en dessaisir ou à lui payer
une indemnité, destinée à tenir lieu des droits de mutation (2).

Le bas justicier a droit de percevoir *les rentes* sur les
biens immeubles vendus dans le ressort de son fief, celui de
contraindre les acquéreurs à lui exhiber leurs contrats, et
d'exercer sur les domaines aliénés le retrait *par puissance
de fief*, dit aussi retrait seigneurial, c'est-à-dire de les unir à
son propre domaine, en remboursant le prix d'achat et les
frais à l'acquéreur. Ce droit s'exerce tant sur les biens tenus
en roture que sur les biens hommagés ou tenus noblement.
Le seigneur qui a basse justice exerce aussi le droit de
rachat pour les mutations des domaines hommagés ; il a
droit de contraindre tous les sujets qui tiennent en son fief,
à faire déclaration de leurs rentes et domaines et les vassaux
possédant des domaines hommagés à rendre hommage et
faire aveu de ce qu'ils tiennent de lui, à peine de saisie
féodale (3).

Le seigneur bas-justicier peut prononcer une amende de
60 sols mançois contre tout sujet, noble ou roturier, qui
manque de payer ses droits de cens ou autres devoirs

(1) Maine, art. 10, 11 ; 13-18, 20-32, 34-36, 48. — Anjou, art. 9, 10, 12,
14 et suiv., 20 et suiv., 29, 41, etc.
(2) Maine, art. 41, 42. — Anjou, art. 37, 38.
(3) Maine, art. 7-10, 137, 170, 178, 179, 215, 359, 360, 378, 394, 408, 409,
429. — Anjou, art. 4, 6, 8, 127, 161, 200, 347.

féodaux. Ces devoirs sont *redevables* ou *rendables* au seigneur et non *requérables ;* le sujet ou vassal doit les acquitter au seigneur au jour dit, l'amende est encourue par le seul fait du retard de paiement et sans qu'il soit besoin de sommation. Si le seigneur de fief a sur son sujet cens et rente à la fois, le cens seul est seigneurial et *rendable* et le retard de paiement de la rente n'entraine pas l'amende. Mais si la rente est le seul devoir inféodé, elle tient lieu de cens et dans ce cas elle est *rendable* et *amendable* (1).

Le cens dénote seigneurie de plein droit ; la rente ne le fait que par exception et si elle est seule due et non surajoutée au cens (2).

Le cens est indivisible ; les héritiers qui partagent un domaine tenu en censive sont obligés solidairement à fournir les devoirs féodaux au seigneur bas justicier qui peut exiger de l'un d'eux à son choix le paiement de la totalité du devoir. Il a droit de saisie en cas de non paiement (3). Il est privilégié pour ses cens et rentes si le domaine tenu de lui est saisi et vendu par décret d'adjudication à la poursuite d'un créancier. Il est aussi privilégié en matière de prescription ; il ne peut perdre ses droits féodaux que par la prescription trentenaire (4).

Tels sont les droits du seigneur bas-justicier d'après nos coutumes de l'Ouest. Ce qui caractérise le droit féodal dans notre région, c'est l'abandon de la maxime *fief et justice n'ont rien de commun.* A Paris et dans les provinces dont les coutumes admettent au contraire cette maxime, la justice foncière et la basse justice restent distinctes ; le seigneur de fief qui ne possède que la justice foncière, peut faire exécuter dans certains cas son débiteur soumis au cens ou à d'autres devoirs féodaux ; mais il est

(1) Maine, art. 196. — Anjou, art. 178.
(2) Maine, art. 197. — Anjou, art. 179.
(3) Maine, art. 198, 199, 476. — Anjou, art. 180, 181, 473.
(4) Maine, art. 450, 451, 467, 468, 489. — Anjou, 430 et suiv., 486.

obligé de s'adresser en cas d'opposition à la justice supérieure et ses droits ne sont guère plus étendus que ne le sont aujourd'hui ceux d'un créancier privilégié ou d'un propriétaire foncier, muni d'un titre authentique et dûment exécutoire, contre son débiteur, fermier ou locataire.

La situation du seigneur de fief dans les coutumes de l'Ouest est tout autre. La justice foncière et la basse justice *sont tout un* (1) ; le seigneur de fief qui a l'une a aussi l'autre de plein droit. Il fait exécuter lui-même ses vassaux, nobles ou roturiers, fait saisir leurs immeubles tenus de lui soit en fief, soit en censive, de sa propre autorité et sans être obligé de recourir à la justice du suzerain ; il prononce des amendes ; il juge certaines causes déterminées par la coutume, sauf appel à la juridiction supérieure ; il est en fait dépositaire d'une portion de l'autorité publique (2).

Nos coutumes de l'Ouest ne renferment pas de rubrique spéciale pour les censives. Cela se comprend aisément ; le cens est pour elles un droit de justice qui appartient au seigneur bas-justicier, en vertu même de sa qualité de justicier, sur toute l'étendue de son fief. Aussi les dispositions relatives à la tenue en censive ont été tout naturellement confondues avec celles qui concernent les justices.

La Coutume du Maine admet cependant le franc-alleu. Le détenteur qui possède un franc-alleu est exempt de tous droits seigneuriaux ou féodaux. Il doit seulement, lorsqu'il est appelé devant la cour de son seigneur, répondre de bouche qu'il avoue tenir sa terre en franc-alleu et se retirer ensuite. Il peut toutefois être condamné à l'amende s'il fait deux fois de suite défaut quand il est assigné pour produire

(1) Maine, art. 3. — Anjou, art. 1.

(2) La Coutume générale de Touraine rejette aussi la maxime *fief et justice n'ont rien de commun* ; mais certaines coutumes locales régissant diverses seigneuries qui dépendaient au temporel de la sénéchaussée de Touraine et pour le spirituel du diocèse de Bourges, admettaient au contraire cette maxime (Voir *Les Réformes de la coutume de Touraine*, par G. d'Espinay, p. 48 et suiv., 132 et suiv.)

cette déclaration. Il n'en est pas moins sujet et ne peut *contemner* la justice du seigneur dans le ressort duquel son domaine est situé. Il est exempt en cas de vente, d'après la coutume du Maine, du paiement des droits de mutation ; mais en Anjou l'alleu est soumis au droit de lods et ventes au profit du seigneur justicier, s'il y a mutation (1).

Ces dispositions me paraissent complétement confirmer la thèse que j'ai toujours soutenue au sujet du franc-alleu. Si dans la région coutumière, il n'y a *pas de terre sans seigneur*, cette maxime signifie que toute terre est soumise à un seigneur *justicier*, mais ne prouve aucunement qu'il n'y eût pas de terre sans seigneur *direct,* ce qui est fort différent d'après les principes du droit féodal sainement interprétés. Ce sont les feudistes et surtout les domanistes royaux qui ont, aux XVIIe et XVIIIe siècles, étendu et faussé le sens de cette maxime, au profit des seigneurs et plus tard du domaine royal dans un intérêt fiscal. Ils en ont fait sortir par une conséquence forcée et fort exagérée le soi-disant principe de *la directe royale universelle,* d'après lequel le Roi est devenu le seigneur direct, le propriétaire dominant et primitif de toutes les terres de ses sujets. Il n'était dans l'origine que le *souverain fieffeux* et le justicier universel du royaume ; mais ce n'est que par abus seulement qu'il a été réputé l'unique et primordial propriétaire du sol de toute la France (2).

Le moyen-justicier a tous les droits de basse justice sur les terres qui relèvent de lui directement et sans l'intermédiaire d'un bas-justicier. Il a de plus sur toute l'étendue de sa justice la connaissance des actions personnelles, le droit de juger les crimes, larcins, homicides sans guet-à-pens, déplacement de bornes ; « moyenne justice, grande voierie » et justice à sang c'est tout un » d'après la coutume (3). Le

<hr>

(1) Maine, art. 153. — Anjou, art. 140.

(2) G. d'Espinay, *La Féodalité et le droit civil français,* p. 100 et suiv., p. 363 et suiv. — E. Chenon, *Étude sur l'histoire des alleux en France.* — P. Lanéry-d'Arc, *Du franc-alleu.*

(3) Maine, art. 43. — Anjou, rubr. de l'art. 39.

moyen-justicier a droit en conséquence d'avoir potence à deux piliers. Il peut donner tutelles et curatelles.

Pour les profits utiles, il a droit de mesure, et il donne à ses sujets mesures à blé ou à vin, d'après l'étalon du suzerain. Il recueille les épaves mobilières trouvées en son fief, ainsi que les biens meubles des aubains et des bâtards décédés sans héritiers légitimes (1).

Le haut justicier a tous les droits de basse et de moyenne justice sur les terres qui relèvent de lui directement et sans intermédiaire, et en outre sur toutes celles comprises dans l'étendue de sa justice, la juridiction haute, moyenne et basse pour punir les malfaiteurs. Il connaît des cas de blessures faites de guet à pensée et de propos délibéré et du crime de faussonnerie (faux commis dans un acte). Il peut donner trèves à ses sujets, mais non enlever celles qui ont été accordées. Il a potence à deux piliers avec liens par en haut et par en bas (2).

Le châtelain est au-dessus du simple justicier. Il a droit d'avoir châtel ou merc de châtel, avec le péage sur les grands chemins de sa châtellenie et la connaissance de tous les délits commis sur les dits chemins. Il a toute justice haute, moyenne et basse, avec la connaissance des grands cas criminels ci-dessus énoncés et qui aujourd'hui ressortissent de la cour d'assises. Le châtelain peut faire dresser une potence à trois piliers. Il édicte ban, proclamation, et impose peines à ses sujets suivant la gravité des cas. Il participe ainsi dans une certaine mesure au pouvoir législatif. En matière civile, le châtelain a la plénitude de la juridiction civile, avec droit à deux degrés de juridiction, c'est-à-dire faculté de nommer un magistrat révisant en appel les sentences prononcées par un autre magistrat de la même seigneurie.

(1) Maine, art. 43-48. — Anjou, art. 39-41.
(2) Maine, art. 49. — Anjou, art. 42.

Pour la partie fiscale, le châtelain a prévôté, foires, marchés, sceaux de contrats, mesures à blé et à vin sur son propre étalon, et en outre tous les droits appartenant aux justices inférieures. Il a droit de ban vin et de ban de vendanges dont ne jouissent les justiciers inférieurs que s'ils y sont fondés en titre ou par prescription (1).

Une seigneurie pour être qualifiée baronnie doit avoir dans sa mouvance trois châtellenies, ville close, abbaye, prieuré conventuel ou collège et forêt.

Le baron a haute, moyenne et basse justice, avec les droits de châtellenie sur tout son territoire, sans préjudice des droits des seigneurs inférieurs. Il met quatre piliers au gibet de sa justice. Au baron appartient l'épave du faucon et du dextrier ; c'est-à-dire du cheval de guerre ou de lance.

Le vicomte de Beaumont a tous les droits de baronnie et met au merc de sa justice potence à six piliers.

Le comte du Maine à ressort et suzeraineté sur tous les barons relevant du comté du Maine ; il a gibet à six piliers, et à fest, en signe de souveraineté ; ce droit lui appartient exclusivement (2).

La fortune d'or trouvée en mine appartient au roi, celle d'argent au comte du Maine, au vicomte de Beaumont et aux barons, sur leur territoire respectif (3).

Le comte du Maine, le vicomte de Beaumont et les barons peuvent inféoder à leurs vassaux les droits de justice haute, moyenne et basse, en retenant le ressort et la suzeraineté ; mais les châtelains, les bacheliers et les autres justiciers ne jouissent pas du même droit.

On appelle bacheliers, au Maine comme en Anjou, les seigneurs appartenant aux branches cadettes des maisons baronales. Ils ne sont ni comtes, ni vicomtes, ni châtelains,

(1) Maine, art. 50-53, 58-59, 201-204. — Anjou, art. 43 et suiv., 184 et suivants.
(2) Maine, art. 54-57. — Anjou, art. 47 et suiv.
(3) Maine, art. 70. — Anjou, art. 61.

mais ils peuvent avoir châteaux, forteresses, grosses maisons et autres domaines démembrés des comtés, vicomtés, baronnies et châtellenies du pays. Ils ont mêmes droits de justice que les seigneurs titulaires des seigneuries dont les leurs ont été départies, et sont fondés à les exercer d'après la loi et coutume du pays (1).

Le droit de chasse est à la foi un droit féodal et un privilège nobiliaire. Tout homme noble ou roturier qui possède un domaine hommagé est fondé d'avoir buisson à connils, défensable autour de son manoir, dans le rayon du vol du chapon. Tout homme noble jouit du même droit et dans les mêmes limites autour de la maison où il demeure habituellement, lors même que ce domaine n'est pas hommagé. Pour avoir chasse défensable à grosses bêtes, il faut être propriétaire de forêt ou breuil de forêt, c'est-à-dire buisson où les grosses bêtes puissent se retirer, ou posséder ce privilège par titre ou longue prescription. Il appartient de droit aux seigneurs châtelains et barons, mais non aux simples justiciers. Tout autre droit de garenne est prohibé par la coutume, à moins que le seigneur qui le réclame n'y soit fondé en titre ou par possession ; il doit en user sans faire dommage au sujet, à peine d'être tenu de l'indemniser (2).

Les droits de fief se distinguent des droits de justice en ce que ceux-ci sont dus par tous les sujets habitant dans le ressort de la seigneurie et perçus sur toutes les terres roturières situées dans ce ressort, tandis que les droits de fief ne portent que sur les terres hommagées ou tenues noblement et dérivent des conditions imposées au vassal tenant fief, par sa charte d'inféodation.

La coutume de 1508 a conservé les formes si pittoresques qui accompagnaient au Moyen-Age l'hommage-lige et l'hommage-simple rendus par le vassal à son seigneur. L'hom-

(1) Maine, art. 71, 72. — Anjou, art. 62, 63.
(2) Maine, art. 37-40. — Anjou, art. 32 et suiv.

mage était dû dans les quarante jours après le décès de l'auteur du nouveau vassal ou l'acquisition du fief, à peine de saisie féodale. Il pouvait même être exigé par le seigneur à son entrée en possession du fief dominant.

Le vassal devait aussi l'aveu, c'est-à-dire la reconnaissance détaillée des objets tenus du seigneur à foi et hommage, à peine de saisie et d'amende. Dans les premiers temps féodaux, si l'aveu était incomplet le seigneur pouvait confisquer les portions du fief omises par le vassal ; mais en 1508, la loi féodale n'était plus aussi sévère (1).

Le seigneur du fief dominant avait droit à certains profits utiles, en cas de mutation de vassal. Il percevait sous le nom de *rachat* une année des revenus du fief; ce droit n'était pas dû par les fils, filles, frères ou sœurs du vassal décédé qui constituaient le premier degré de la parenté féodale ; mais il était exigé du petit-fils succédant à l'aïeul, parceque dans ce cas, il y a *moyen* (c'est-à-dire un degré intermédiaire entre le *de cujus* et l'appelé). Cette manière de compter les degrés de la parenté féodale s'éloigne complètement de notre système actuel et rappelle l'époque où la représentation n'était point encore admise, même en ligne directe. Le mari doit rachat pour les fiefs de sa femme (2).

Le seigneur noble, mais non le roturier, peut doubler ses devoirs sur ses hommes en trois cas : 1° pour la chevalerie ; 2° pour le mariage de sa fille ainée emparagée noblement ; 3° pour le paiement de sa rançon, quand il a été fait prisonnier à la guerre pour le service du roi. Les vassaux nobles sur lesquels le seigneur du fief dominant a perçu ce droit appelé *aides féodales* peuvent aussi doubler les devoirs de leurs sujets ou vassaux sur lesquels il retombe en définitive. Il ne peut être perçu qu'une fois en sa vie par le seigneur dominant dans l'un des trois cas susdits (3).

(1) Maine, art. 112-116, 117, 120, 134-136, 148-152. — Anjou, art. 99 et suiv., 124 et s., 137.

(2) Maine, art. 97, 100-109, 124-132. — Anjou, art. 84, 87, 113, etc.

(3) Maine, art. 138-141. — Anjou, art. 128, 129, etc.

Le seigneur de fief avait droit aussi au *cheval de service,*
lorsque la terre tenue en fief y était soumise, au *lige estage*
et aux *gardes* que les vassaux devaient faire pendant un
temps donné au manoir de leur suzerain. Ce service était
personnel ; le vassal soumis à cette obligation devait amener
avec lui sa femme et sa famille, pour faire honneur à la
dame du châtelain, le tout à peine de saisie. Les vassaux
possédant un fief d'une certaine importance étaient tenus de
se faire accompagner par un ou plusieurs hommes d'armes,
suivant les conditions de leur investiture (1). Ces divers
droits rappellent encore l'époque brillante de la féodalité
chevaleresque. Le développement des armées permanentes
et les progrès du pouvoir royal allaient bientôt les rendre
inutiles.

Dans l'origine, le fief était inaliénable et indivisible. Puis
il fut permis au vassal de *se jouer de son fief,* c'est-à-dire de
l'aliéner sans le consentement du seigneur, à la charge par
l'acquéreur de payer à celui-ci le droit de rachat (2).

Il fut aussi permis au vassal d'aliéner la tierce partie
de son fief, à la condition de retenir sur la portion
cédée foi et hommage ou devoir annuel ; il ne suffisait
pas de retenir le droit de justice sur la partie aliénée. Si
le vassal ne retenait pas ce devoir ou s'il aliénait une partie
de son fief plus étendue que le tiers, il y avait *despié de fief,*
c'est-à-dire démembrement. Il perdait tout droit de féodalité
sur la portion aliénée ; les acquéreurs devenaient les vassaux
immédiats du suzerain et lui portaient directement leur
hommage. Les divers cas de despié de fief, les droits de
rachat ou de ventes auxquels il donnait lieu sont prévus dans
le plus grand détail par notre coutume qui renferme sur ce
sujet des dispositions assez compliquées dans lesquelles il
serait trop long d'entrer (3).

(1) Maine, art. 144-147. — Anjou, art. 134, etc.
(2) Maine, art. 154.
(3) Maine, art. 216-226. — Anjou, art. 201-208.

Lorsqu'un vassal sous-inféode une partie de son fief, en retenant l'hommage ou le devoir annuel sans despié, il fait *de son domaine son fief ;* lorsqu'au contraire le seigneur de fief achète ou acquiert des terres relevant de lui en fief ou en censive et les unit à son domaine propre, il fait *de son fief son domaine.*

Si un seigneur féodal acquiert des immeubles du fief de son sujet, il est tenu de bailler à celui-ci un homme que ledit sujet puisse justicier « car ce serait répugnance à la » seigneurie que le seigneur en la suzeraineté fût sujet de » son homme puisque son homme ne le pourrait contraindre » de lui obéir » (1).

Les cas de commise ou de perte du fief étaient nombreux, d'après l'ancien droit féodal. Ils ont été restreints avec le temps ; mais il en subsiste encore quelques-uns dans notre coutume. Le vassal perd son fief, à tout jamais s'il est homme de foi-lige, sa vie durant s'il ne doit que la foi simple, quand il a mis la main sur son seigneur, sur la femme ou sur le sergent de celui-ci, commis trahison ou toute autre félonie envers son seigneur (2). S'il cherche à s'emparer d'un domaine propre de son seigneur, au moyen d'un aveu frauduleux, il perd une portion de son fief égale à celle dont il a voulu s'emparer indûment (3). L'obligation féodale est corrélative et réciproque ; le seigneur et le vassal sont liés l'un à l'autre par le contrat féodal, et si le seigneur accuse à tort son vassal d'un fait qui entraînerait la confiscation du fief, il perd lui-même l'obéissance de son vassal et la mouvance du fief (4).

Le justicier qui néglige de réprimer les malfaiteurs soumis à sa juridiction perd son droit de justice (5).

(1) Maine, art. 303. — Anjou, art. 287.
(2) Maine, art. 205-207. — Anjou, art. 187 et suiv.
(3) Maine, art. 208. — Anjou, art. 190.
(4) Maine, art. 211. — Anjou, art. 195.
(5) Maine, art. 213. — Anjou, art. 198

Pêcher dans les étangs du seigneur ou chasser dans sa garenne est puni d'une amende de 60 sols mançois (1). La même amende frappe le vassal retardataire soit pour le service des gardes, des liges-estages, la présentation du cheval de service, soit pour fournir son aveu ou pour aveu incomplet. Le sujet noble tenant à foi et hommage est puni de cette même amende dans toute matière où il dénie à tort son devoir féodal (2).

Nous terminerons par quelques mots sur l'organisation féodale de la famille, d'après la Coutume du Maine.

L'âge de la majorité n'est pas le même pour les nobles et pour les roturiers ; les jeunes gens nobles ne sont majeurs qu'à vingt ans accomplis ; les jeunes roturiers le sont à quatorze ; mais pour les filles il n'y a pas de distinction entre les nobles et les roturières (3).

Le bail des mineurs nobles s'applique à l'ensemble de leurs biens, qu'ils soient tenus à cens ou à hommage ; le bail n'a lieu que pour les nobles, mais par une exception singulière, le roturier marié à une femme noble est bail des enfants issus de leur mariage quoiqu'il ne soient pas nobles. Ici on a égard à la noblesse de la mère. La femme roturière survivant à son mari noble a le bail de ses enfants, ce qui est plus conforme au principe féodal, parce que ceux-ci sont nés nobles (4). Pour les enfants roturiers, il y a tutelle et non bail.

Le douaire de la veuve, noble ou roturière, porte sur le tiers des biens du mari, sans distinction. Toutefois la femme noble, héritière principale de ses père et mère ou de l'un d'eux ou d'un lignager, n'a pas droit au douaire sur la terre de son mari noble, à moins qu'il ne lui ait été promis par convention ; mais si elle est mariée à un roturier elle a droit

(1) Maine, art. 210. — Anjou, art 192.
(2) Maine, art. 194, 195. — Anjou, art. 174.
(3) Maine, art. 99, 465. — Anjou, art. 86, 444.
(4) Maine, art. 107. — Anjou, art. 94.

au douaire coutumier (1). La veuve noble d'un mari noble
a un droit d'habitation dans la demeure de son feu mari,
droit qui n'appartient pas à la veuve roturière (2).

Le régime de la communauté conjugale s'applique aux
nobles comme aux roturiers ; la communauté comprend les
meubles et les acquêts ou conquêts immobiliers des époux,
sans distinguer entre les censives et les terres hommagées
qui tombent également dans la communauté conjugale.
Toutefois si deux conjoints ont fait des acquêts au fief de
l'un d'eux et meurent sans enfants, l'héritier auquel doit
revenir le fief peut prendre les acquêts en remboursant la
moitié du prix qu'ils ont coûté aux héritiers de l'autre ligne,
dans l'an du décès du prémourant des époux acquéreurs (3).

C'est surtout en matière de succession que la féodalité a
mis son empreinte et modifié le droit commun. Au Maine,
comme en Anjou, le droit d'ainesse est la base même du
système successoral pour les familles nobles , il dépend de
la condition des personnes et non de celle des terres. Il
s'applique à tous les domaines du décédé tenus soit à foi et
hommage soit en censive. Entre roturiers il n'y a point de
droit d'ainesse, sauf pour les fiefs tombés en tierce foi, c'est-
à-dire échus à la troisième transmission dans la même
famille.

L'aîné prend pour son droit d'ainesse le manoir principal
avec le vol du chapon, par préciput, et en outre les deux
tiers de tous les biens, entre nobles, et les deux tiers des
domaines hommagés tombés en tierce foi, entre roturiers,
mais sans le manoir et le vol du chapon qui dans ce cas
tombent en partage.

A défaut de fils, la fille aînée bénéficie des privilèges
qu'aurait eus le fils ainé (4). En ligne collatérale l'aîné

(1) Maine, art. 313-315. — Anjou, 299 et suiv.
(2) Maine, art. 322. — Anjou, art. 309.
(3) Maine, art. 300. — Anjou, art. 284.
(4) Maine, art. 238, 239, 273. — Anjou, art. 222, 255.

recueille la même part qu'en ligne directe. Toutefois, d'après la Coutume de 1508, en ligne collatérale les puinés prennent leur part, en héritage, tandis qu'en ligne directe, ils n'ont qu'un simple usufruit (1). Les roturiers succèdent aux biens hommagés en toute propriété ; il en est de même pour les filles nobles ou roturières, tant en ligne directe qu'en ligne collatérale. Les baronnies et autres fiefs titrés ne se partagent qu'à défaut d'autres biens et sont en principe indivisibles (2).

Le parage n'existe qu'entre nobles. L'aîné garantit ses frères et sœurs et leurs descendants pendant quatre générations (huit degrés du droit civil) et porte pour eux l'hommage au suzerain. Après la quatrième génération ils lui doivent hommage et devoir et deviennent ses vassaux directs et les arrière-vassaux du suzerain (3). Entre roturiers, il n'y a pas de parage, mais il est au choix des puinés de rendre devoir à leur aîné et de devenir ses vassaux dès la première génération ou de porter directement leur hommage au suzerain (4). On voit que si dans nos provinces de l'Ouest, les coutumes des XV⁰ et XVI⁰ siècles tendaient à maintenir les biens immobiliers dans les familles et à les concentrer entre les mains de l'aîné, d'autre part, le principe féodal de l'indivisibilité du fief avait reçu de nombreuses exceptions, et que les droits du suzerain sur les fiefs relevant de lui avaient été fort amoindris.

Nous avons vu que le noble en matière de donation jouissait d'un droit de disposition plus étendu que le roturier. Le noble peut marier sa fille comme aînée et comme principale héritière, sans porter toutefois préjudice aux droits du fils aîné, et lui donner une dot supérieure à son avenant ou part légitime ; mais s'il ne lui a donné qu'une part moindre, fut-

(1) Maine, art. 245-247. — Anjou, art. 230.
(2) Maine, art. 294. — Anjou, art. 278.
(3) Maine, art. 227-236. — Anjou, art. 212 et suiv.
(4) Maine, art. 280. — Anjou, art. 262.

ce *un chapel de roses*, elle est tenue de s'en contenter (1).

En matière de retrait lignager, pas de distinction entre les nobles et les roturiers, entre les domaines hommagés et les tenures roturières. Le droit de racheter les propres de famille aliénés appartient à tout parent lignager quelle que soit sa condition sociale et sans égard à la qualité du bien vendu. Le retrait lignager exercé par un gentilhomme ou par un homme coutumier est toujours préféré au retrait seigneurial exercé par le seigneur de fief. Les droits de la famille, noble ou roturière, passent avant ceux du seigneur féodal (2).

La matière des prescriptions, rentes et hypothèques appartient au droit commun et non au droit féodal. Nous avons vu cependant qu'à raison de ses cens et rentes, le seigneur est un créancier privilégié et qui passe avant tous autres ; ses droits ne peuvent être éteints que par la prescription trentenaire.

Si l'on compare la Coutume du Maine à celle d'Anjou on est frappé de la complète ressemblance qui existe entre elles tant pour le fond que pour la forme. Toutes les deux sont divisées en seize parties placées identiquement dans le même ordre et portant les mêmes rubriques. La Coutume d'Anjou réformée en 1508 comprend 513 articles, celle du Maine rédigée à la même époque en comprend 509 ; c'est une bien légère différence (3). L'ordre des articles est à peu près le même, sauf quelques transpositions. Les dispositions fondamentales sont presque toujours identiques ; on ne peut relever entre les deux coutumes que de rares différences de détail. Ce sont deux sœurs jumelles, également issues des rédactions de 1411 et de 1463, qui avaient régi les deux provinces de Maine et d'Anjou pendant tout le XV siècle. Lorsqu'on lit ces vieilles rédactions et qu'on les rapproche

(1) Maine, art. 258. — Anjou, art. 241.
(2) Maine, art. 360. — Anjou, art. 348.
(3) Celle de Tours, de 1559, renferme seulement 379 articles.

de celle de 1508 on voit que dès les premières années du
XV⁰ siècle les grandes lignes du droit angevin étaient large-
ment dessinées ; tous les principes étaient posés, la juris-
prudence devait les développer et la réforme de 1508 les a
confirmés tout en introduisant quelques modifications secon-
daires.

Si l'on rapproche d'autre part ces deux coutumes de celles
de Touraine et de Loudunois, les divergences apparaissent
plus tranchées ; mais en remontant aux premières rédactions
du XIII⁰ siècle on retrouve le tronc commun d'où sont sor-
ties les deux grandes branches, angevine et mancelle d'une
part, tourangelle et loudunoise d'autre part. C'est seulement
au XIV⁰ siècle que les divergences s'accusent et que ces
deux branches commencent à se bifurquer. Les premières
années du XVI⁰ siècle devaient voir une nouvelle subdivision
s'opérer entre la coutume d'Anjou et celle du Maine ; elles
se séparèrent tout en conservant tous les caractères de leur
première origine.

Ces deux coutumes portent des traces profondes de la
domination féodale, bien qu'elle fût battue en brèche par le
pouvoir royal. Les discussions de l'assemblée de 1508 nous
font entendre un écho de ces luttes sourdes alors soulevées
entre les clercs ou les barons d'un côté et les gens du roi de
l'autre. Cette guerre de plume et de parole, pour n'être pas
sanglante, n'en était pas moins vive. On remarque toutefois
dans nos coutumes de l'Ouest que si le pouvoir seigneurial
tend à s'éclipser devant la suprématie royale, une législation
toute spéciale et fortement combinée assure la conservation
des biens héréditaires dans les familles nobles et protège la
situation de l'aristocratie terrienne.

IX

COUTUME LOCALE DU BAS-VENDOMOIS

Le comté de Vendôme, érigé en duché - pairie par

François Ier en 1514, comprenait une partie angevine et une partie mancelle. Vendôme, Montoire et plusieurs autres seigneuries dépendaient primitivement de la juridiction de Baugé et suivaient la coutume d'Anjou, tandis que Montdoubleau, Saint-Calais, Savigny-sur-Braye et autres seigneuries du Bas-Vendômois faisaient partie du Maine et obéissaient à la coutume de cette province (1).

« A l'égard des autres paroisses du Vendômois qui sont au-delà de la rivière de Braye, dit Pocquet de Livonnière, elles suivent toutes la coutume du Maine... La baronnie de Montdoubleau, composée de différentes paroisses, est soumise en entier à la coutume du Maine, même pour quelques paroisses qui en dépendent, qui sont en deçà de la rivière de Braye » (2).

La baronnie de Montdoubleau, quoique située dans le Maine, était unie au comté devenu plus tard duché-pairie de Vendôme. Nous avons vu en effet comparaître au procès-verbal de la rédaction de la Coutume du Maine pour le comte de Vendôme, seigneur de Montdoubleau et de Saint-Calais, le bailli de Montdoubleau et le juge châtelain de Saint-Calais, ses procureurs.

Montdoubleau paraît avoir été bâti par Odon, cinquième fils de Bodon, comte de Vendôme, et d'Adèle de Vendôme, qui en fut seigneur féodal et le tint par héritage (3).

Geoffroy-Martel, comte d'Anjou et maître du Vendômois, donna l'investiture de Montdoubleau à Hugues, petit-fils de Hugues, dit Doubleau, fils lui-même d'Odon de Nevers et d'Adèle d'Anjou. Montdoubleau passa successivement dans les familles de Dreux, de Clermont, de Flandres, de Trie et de la Rivière. Il fut vendu en 1446 par Charles de la Rivière et Jeanne de Trie à Louis de Bourbon qui l'unit au comté de

(1) Julien Bodreau, *Illustrations et remarques sur les coutumes du Maine*, sur l'art. 248.

(2) *Brève notice de la province d'Anjou.*

(3) L'abbé Simon, *Hist. de Vendôme*, t. I, p. 24.

Vendôme. Il fut séparé du comté du Maine par lettres-patentes de Charles VIII, du 14 mai 1484, pour passer dans la mouvance de la Couronne.

Montdoubleau, avant sa réunion au comté de Vendôme, était un des principaux fiefs du Maine. Le baron de Montdoubleau était un de ceux qui devaient assister l'évêque du Mans et le porter lors de son entrée solennelle pour la prise de possession de son siège épiscopal. La mouvance féodale de Montdoubleau s'étendait sur un rayon de quinze lieues, tant du côté de la Beauce que du côté du Maine. Il était siège d'un bailliage féodal, relevant du présidial du Mans, et d'un grenier à sel. Il fut compris dans l'élection de Château-du-Loir ; mais pour le spirituel il dépendait, ainsi que Vendôme, du diocèse de Blois (1).

Saint-Calais est situé comme Montdoubleau dans le Bas-Vendômois. Il tire son nom de l'abbaye, dédiée à Saint-Calais (Karilef) appellée aussi Anisola et située sur la rivière d'Anise. Son château a été bâti au XI⁰ siècle, et le fief de Saint - Calais fut qualifié châtellenie ; cette seigneurie qui appartint à diverses familles successivement relevait de la baronnie de Montdoubleau. Vers la fin du XV⁰ siècle, Antoine de Bueil la vendit à François de Bourbon, comte de Vendôme et baron de Montdoubleau. Saint-Calais fut uni au comté de Vendôme avec Montdoubleau et séparé du comté du Maine, par Charles VIII en 1484, par les lettres-patentes dont nous avons parlé. La mouvance féodale de Saint-Calais s'étendait sur environ trente paroisses, pour le tout ou pour partie.

Saint-Calais dépendait du diocèse du Mans, du gouvernement militaire d'Orléanais et de l'élection de Château-du-Loir (généralité de Tours) (2).

Il y avait à Saint-Calais un bailli féodal avec un procureur

----

(1) Pesche. *Dict. topographique de la Sarthe*, art. Maine et art. Montdoubleau.

(2) *Idem*, art. Saint-Calais.

fiscal et un greffier. Mais en 1713 Louis XIV érigea un bailliage royal à Vendôme et deux sièges royaux, l'un à Montoire
l'autre à Saint-Calais (1). L'érection de ces sièges royaux ne
changea rien à la circonscription des coutumes ; Vendôme
et Montoire restèrent soumis à celle d'Anjou, Saint-Calais à
celle du Maine, ainsi que Savigny et les autres seigneuries
d'origine mancelle (2).

Montdoubleau et Saint-Calais font aujourd'hui partie de la
Sarthe ; Montoire, Lavardin, Savigny, qui étaient aussi du
Bas-Vendômois, ont été rattachés au département de Loir-
et-Cher.

Le Bas-Vendômois, quoique soumis à la Coutume du Maine,
admettait cependant en matière de droit d'aînesse une exception fort importante. On lit en effet au titre des successions
de notre coutume un article ainsi conçu :

« Aucuns fiefs ou châtellenies sont audit païs du Maine
esquels les puinés mâles succèdent par héritage, c'est à
savoir par delà la rivière de Braye, en tirant du Mans à
Montdoubleau et ailleurs qui sont usages locaux contre la
coutume générale dudit païs » (3).

Cet article n'est que la reproduction d'un texte de la vieille
coutume d'Anjou et du Maine de 1411, conçu à peu près
dans les mêmes termes (4).

La même exception régnait dans le Haut-Vendômois
soumis à la coutume d'Anjou et dans la partie du Bas-
Vendômois où l'on suivait aussi cette coutume, à Montoire

---

(1) Pesche, *loc. cit.,* et Pocquet de Livonnière, *Brève notice de la province d'Anjou.*

(2) *Le Théâtre du Monde,* vieil atlas imprimé à Amsterdam en 1647,
place dans la province du Maine tout le Bas-Vendômois, avec les villes de
Montdoubleau, Montoire, Lavardin, Savigny-sur-Braye. (Voir les cartes du
Maine, du Perche, du Blaisois).

(3) Maine, art. 248. — Voir aussi art. 110 et 239.

(4) *Coustumes d'Anjou et du Maine* de 1411, art. 157. — Coutume de
1463, art. 189 (Beautemps-Beaupré, textes E et I).

notamment (1). Il nous reste à examiner d'où provenait cette exception.

On a cherché à l'expliquer pour le Vendômois angevin par l'anecdote suivante. Un cadet de la maison d'Anjou, ayant eu le comté de Vendôme par héritage *en usufruit*, conformément à la coutume d'Anjou, voulut le posséder en pleine propriété. Il fit la guerre au comte d'Anjou, son aîné, le vainquit, le fit prisonnier et lui imposa pour condition de paix qu'à l'avenir les cadets du Vendômois succéderaient en pleine propriété. M. l'abbé Simon, dans son *Histoire de Vendôme*, a fait très-judicieusement observer que ce fait est absolument controuvé en ce qui concerne les comtes d'Anjou et leur est étranger. Le seul fait historique qui offre quelque rapport avec ce récit légendaire est celui-ci. Lancelin, seigneur de Baugé, aurait battu et fait prisonnier Geoffroy de Preuilly, comte de Vendôme ; ce serait lui, d'après M. l'abbé Simon, qui aurait obligé Geoffroy à permettre qu'à l'avenir les cadets nobles du Vendômois eussent le droit de recueillir leur part d'héritage en pleine propriété, au lieu de succéder en usufruit seulement comme dans le reste de l'Anjou (2).

J'ai démontré déjà que ce fait, vrai ou faux, n'avait pu avoir aucune influence sur la Coutume de Vendôme et que l'exception admise dans ce comté au profit des cadets nobles provenait d'une cause toute différente (3). L'adoption de la même exception dans le Bas-Vendômois, soumis à la coutume du Maine, confirme mon opinion. A l'époque où vivait Lancelin de Baugé (XIe siècle) Montdoubleau et Saint-Calais n'étaient point encore unis au Vendômois, puisque la réunion ne fut opérée définitivement qu'en 1484, et qu'alors seulement ces seigneuries furent détachées de la mouvance du

(1) Coutume d'Anjou, art. 231. — Pocquet de Livonnière, *loc. cit.*

(2) L'abbé Simon ; *Hist. de Vendôme*, t. I, p. 89.

(3) *La Coutume de Vendôme*, par G. d'Espinay (Mémoires de la Société d'agriculture, sciences et arts d'Angers, année 1891).

comté du Maine. Or dès 1411, la coutume du Maine et
d'Anjou, encore commune aux deux provinces, constate
l'existence de cette exception locale pour toute la région
mancelle de la rive gauche de la Braye. La défaite et la
captivité de Geoffroy de Preuilly n'expliquent donc nulle-
ment la coutume en question et l'on se demande quel intérêt
Lancelin de Baugé prenait aux cadets du Haut et du Bas-
Vendômois et comment il aurait pu faire admettre cette
coutume exceptionnelle dans les baronnies de Montdoubleau,
de Saint-Calais et autres alors soumises à la juridiction du
comte du Maine et à la coutume de cette province. L'hypo-
thèse de l'abbé Simon n'explique pas mieux cette anomalie
que le récit trop légendaire auquel il l'a substitué. Le fait
de la possession de Montdoubleau en *héritage* (et non en
usufruit) dès le XIe siècle par un cadet de la maison d'Anjou
est même en contradiction formelle avec cette opinion.

L'exception admise par la coutume de 1411 et par les
rédactions postérieures au profit des cadets nobles du
Vendômois s'explique pour la partie mancelle, comme pour
la partie angevine de cette seigneurie, par la conservation
de l'ancien usage, encore commun au XIIIe siècle à l'Anjou,
au Maine et à la Touraine et d'après lequel les puinés suc-
cédaient au tiers de l'héritage paternel en pleine propriété.
Cet usage a persisté dans la Touraine et le Loudunois. En
Anjou et au Maine on a adopté au XIVe siècle un système
plus dur pour les cadets, dans le but de conserver les biens
des familles nobles, en concentrant les immeubles entre les
mains des aînés et de leur représentants. Cette explication
me paraît beaucoup plus probable et plus sérieuse que celle
de l'abbé Simon ; elle rend compte de l'exception admise à
la coutume générale, sans recourir à une anecdote plus ou
moins apocryphe et que les historiens interprètent chacun à
sa guise et d'une manière différente.

X

BIBLIOGRAPHIE DE LA COUTUME DU MAINE

La Coutume du Maine a eu de nombreuses éditions et plusieurs commentateurs.

Les deux plus anciens exemplaires de cette coutume que j'aie rencontrés sont deux incunables de la bibliothèque du Mans.

Le premier est ainsi intitulé : « Ce sont les coustumes du » pays et conté du Maine publiées par messeigneurs maistres » Thibault Baillet, président, et Jehan Lelièvre, conseiller » en la court de parlement à Paris, par commission et man- » dement du roy nostre sire ». Cette édition comprend, outre le texte de la Coutume, les procès-verbaux de publication et de rédaction, une table et le texte de l'ordonnance de Louis XII donnée à Blois, le deuxième jour de septembre, l'an de grâce mil cinq cent huit, pour la rédaction de la Coutume du Maine. A la suite vient cette mention : « Cy » finissent les coustumes du pays et conté du Maine, impri- » mées à Paris par Gilles Couteau, imprimeur, demeurant » en la rue des Petits-Champs près Saint-Julian, pour Martin » Lesaige, greffier de la sénéchaussée du Maine, le premier » jour d'octobre, l'an mil cinq cent et neuf ».

Dans le même volume se trouve relié un cahier contenant : « Les ordonnances royaux publiées à Paris de par le roi » Louis douzième de ce nom, le XIIIe jour du mois de juin » l'an mil quatre cens nonante-neuf. Imprimées à Paris par » Jean Frepperel libraire et imprimeur demourant en la rue » neufve Nostre-Dame à l'enseigne de l'écu de France ». In-8° gothique (1).

On voit que cette édition avait suivi de bien près la promulgation de la Coutume.

(1) Bibl. du Mans, série Maine, n° 706.

Le second incunable du Mans porte en titre : « Ce sont les
» Coustumes du pays et conté du Maine publiées par mes-
» seigneurs maistres Thibault Baillet, president et Jehan
» Lelievre, conseiller en la court de parlement de Paris, par
» commission et mandement du roi nostre sire ». Il renferme,
comme le précédent, le texte de la Coutume, le procès-
verbal de publication et celui de rédaction, avec le texte de
l'ordonnance de Blois du 2 septembre 1508 et une table. Il
se termine par la mention suivante : « Cy finissent les
» Coustumes du pays et conté du Maine imprimées à Paris
» l'an mil cinq cens et six (sic) » (1). Viennent ensuite : « Les
» ordonnances royaulx nouvellement publiées à Paris de par
» le roy Louis douziesme de ce nom le xxvii° jour du mois
» d'avril l'an mil cccc et douze. Jehan Petit. » In-8° gothique (2).

La troisième édition a pour titre : « Le Grand Coustumier
» du pays et comté du Maine, très utile et profitable à tous
» praticiens. Guillermi Lerouille. *Venumdantur Parisiis in*
» *edibus Francisci Regnault sub signo elephantis in viâ ad*
» *divum Jacobum sitis* » 1535. Elle renferme comme les deux
précédentes le texte de la Coutume et les procès-verbaux.
C'est un bel in-fol. gothique (3).

Le titre de l'édition suivante par ordre de date est ainsi
conçu : « Ce sont les coustumes du pays et comté du Maine
» publiées par messeigneurs maistres Thibault Baillet, prési-
» dent, et Jehan Lelièvre, conseiller en la court de parlement
» à Paris, par commission et mandement du roy nostre sire.
» On les vend au Mans ches Deufe Gaignot, Mace Vaucelles,

(1) Il y a évidemment ici un mot omis, soit *dix* ou *vingt*. On peut donc
rapporter cet incunable aux années 1516 ou 1526 ; mais il n'est pas possi-
ble qu'il ait été imprimé dès 1506, la coutume qu'il renferme n'ayant été
promulguée qu'en 1508.

(2) Bibl. du Mans, sans n°.

(3) Bibl. du Mans, série Maine, n° 705. — L'exemplaire de la bibliothèque du Mans renferme des notes manuscrites intercalées formant un
commentaire de la Coutume, en latin, écriture gothique.

» François Cocheri, Alexandre Chouen et Jehan Hotin,
» libraires du Mans. M.CCCCCLIIII. » Petit in-8° gothique (1).

Vient ensuite une autre édition du XVI° siècle, portant le
même titre, et imprimée au Mans : « Ce sont les coustumes
» du pays et comté du Maine publiées par messeigneurs
» maistre Thibault Baillet, président, et Jehan Lelièvre,
» conseiller en la court de parlement à Paris, par commis-
» sion et mandement du roi nostre sire. Au Mans, par
» Hiérôme Olivier, imprimeur libraire, demeurant près
» S. Julian, tenant boutique au palais royal, joignant la petite
» porte ; 1567. » C'est un petit in-8° en caractères romains
renfermant le texte de la coutume, les procès-verbaux et la
table (2).

Une autre édition de la même librairie et de la même
année, mais en caractères gothiques, porte un titre identi-
que (3).

La coutume du Maine figure, avec les autres coutumes
générales, dans le Grand Coustumier de Dumoulin imprimé
en 1567 (4).

Nous passons au XVII° siècle. La librairie Olivier nous
fournit une nouvelle édition du commencement de ce siècle.
Le titre offre une légère variante : « Les Coustumes du pays
» et conté du Maine, au Mans, chez la veuve Hiérôme
» Olivier, demeurant près St. Julien ; 1607. » Petit in-8°.
romain, renfermant avec la coutume les procès-verbaux et
la table. A la suite se trouve un « Règlement pour le faict de
la justice et expédition des causes de la sénéchaussée du
Maine et siège présidial de la ville du Mans (5).

Quelques années plus tard parut l'édition de Bodreau inti-
tulée : « Les Coustumes du pays et comté du Maine avec les

(1) Bibl. du Mans, série Maine, n° 704.
(2) *Idem*, n° 723.
(3) *Idem*, n° 703.
(4) Tome II, p. 77 et suiv. (Paris, chez Jacques du Puys.)
(5) Bibl. du Mans, série Maine , n° 702.

» commentaires de Maistre Julien Bodreau, avocat en la
» sénéchaussée et siège présidial du Mans, illustrées de plu-
» sieurs arrêts de la Cour et jugements rendus audit siège
» sur l'interprétation de ladite coutume, à Paris, chez
» Germain Alliot, au palais, près la chapelle St Michel ;
1645. » In-f^o.

Une autre édition de Bodreau parut en 1658 sous ce titre :
« Illustrations et remarques sur les Coutumes du Maine ; au
Mans, chez Julien Olivier. » Deux volumes in-12. C'est la
plus connue des éditions de la Coutume du Maine et celle
qui se rencontre le plus souvent dans les anciennes biblio-
thèques de droit.

Bodreau ne fut pas le seul commentateur de la Coutume
du Maine. Dans le même temps parurent les « Remarques
» et notes sommaires sur la Coutume du Maine, avec un
» recueil des jugements et sentences rendus au siège prési-
» dial et sénéchaussée du Mans et des arrêts de la Cour
» intervenuz sur l'interprétation d'aucuns articles, par m^{tre}
» Mathurin Louis, s^r des Malicottes, ancien avocat au siège
» présidial du Mans, chez Hicrôme Olivier, marchand libraire
» et imprimeur, demeurant proche l'église S. Julien ; 1657. »
In-f^o (1).

Le Coutumier général de Bourdot de Richebourg, comme
celui de Dumoulin, renferme le texte de la Coutume du
Maine, avec quelques notes, mais sans commentaire
suivi (2).

Nous devons signaler enfin diverses éditions communes
aux Coutumes d'Anjou, du Maine et des provinces voisines.

Dès les premières années du XVIIe siècle parurent les
« Coustumes du païs et duché d'Anjou conférées avec celles
» du Maine et des pays circumvoisins, par Gabriel Michel de

(1) Bibl. du Mans et d'Angers.
(2) Coutumier général, t. IV, p. 465 et suiv. Paris, Théodore Legras,
1724.

» La Roche-Maillet, angevin. Paris, chez Gervais et Alliot ;
» 1622. » In-12 (1).

Vient ensuite une réédition du commentaire de Dumoulin :
« Les coustumes du pays et duché d'Anjou comparées avec
» celles du Maine et des pays circumvoisins... plus un bref
» commentaire par M^{tre} Charles Dumoulin. Paris, chez
» Gervais Alliot, au palais, près la chapelle Sainct-Michel ;
» 1633. » In-12 (2).

« Coustumes du païs et duché d'Anjou, avec des notes sur
» chaque article, servant de conférence aux Coutumes du
» Maine, Paris et Touraine, à La Flèche, chez Georges
» Grivereau, imprimeur du roy et collège royal ; 1651. »
In-8° (3).

« Coustumes du païs et duché d'Anjou, avec table des
» matières, et conférence des articles des coutumes de Paris,
» Touraine et Maine. Angers, par Pierre Avril, imprimeur
» ordinaire du roy, et Jean Le Boulanger, imprimeur et
» libraire ; 1656. » Petit in-8°(4).

D'autres éditions de ces coutumes comparées ont aussi
paru au XVIIIe siècle.

« Coutume du duché d'Anjou, réduite en douze parties par
» nouvel ordre, par M^{tre} Balthazar Durson, comme aussi les
» articles de la Coutume d'Anjou, non compris en celle du
» Maine et pareillement les articles du Maine qui ne sont en
» Anjou. Châteaugontier, chez Joseph Gentil, imprimeur et
» marchand libraire ; 1733. » In-8° (5).

« Commentaire sur les coutumes du Maine et d'Anjou, par
» M^{tre} Louis Olivier de St Vast, avocat au parlement de
» Paris et au bailliage et siège présidial d'Alençon, à Alençon,
» chez Malassis le jeune, imprimeur du roi, rue du jeudi ;

(1) Bibl. de la ville d'Angers.
(2) Bibl. du Mans, série Maine, n° 707.
(3) *Idem*, n° 725.
(4) *Idem*, n° 724.
(5) Bibl. du Mans.

» 1777. » Quatre vol. in-8º. — Cet ouvrage s'arrête après le titre des successions et paraît être resté incomplet (1).

« Principes des Coutumes d'Anjou et du Maine, par » Trottier, avocat à Angers ; Angers, chez Mame ; 1783. » Deux vol. in-12.

« Texte des Coutumes d'Anjou et du Maine servant de » suite aux principes de ces mêmes coutumes, par Trottier, » avocat et docteur agrégé à Angers. — Angers, de l'impri- » merie de Monsieur, chez Mame, imprimeur de Mgr l'évêque » et de l'université ; 1783. » Deux vol. grand in-12.

Les deux ouvrages se complètent l'un par l'autre et forment ensemble un commentaire explicatif des deux coutumes (2).

(1) Bibl. du Mans et d'Angers.
(2) *Idem.*

MAMERS. — TYP. G. FLEURY ET A. DANGIN. — 1893.

www.ingramcontent.com/pod-product-compliance
Lightning Source LLC
LaVergne TN
LVHW021820170726
843503LV00007B/3296